PANÉGYRIQUE

DE

JEANNE D'ARC

PRONONCÉ DANS LA CATHÉDRALE D'ORLÉANS

Le 8 Mai 1866,

EN LA FÊTE DU 437ᵉ ANNIVERSAIRE DE LA DÉLIVRANCE DE LA VILLE

PAR M. L'ABBÉ F. LAGRANGE,

Vicaire général d'Orléans.

IMPRIMÉ PAR LES SOINS DE LA VILLE D'ORLÉANS.

ORLÉANS,
IMPRIMERIE CHENU, RUE CROIX-DE-BOIS, 21.
—
1866.

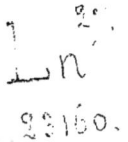

Orléans, Imprimerie, Lithographie et Stéréotypie CHENU, rue Croix-de-Bois, 21.

PANÉGYRIQUE
DE
JEANNE D'ARC.

> *A Domino factum est istud, et est mirabile in oculis nostris.*
> Psalm. CXVII.

Monseigneur [1],

Messieurs,

Les grands souvenirs sont le patrimoine glorieux des peuples, et la fidélité aux grands souvenirs une vertu patriotique et l'honneur d'un pays.

Lorsque la gloire, si rare en ce monde, a brillé quelque part sur un lieu ou sur un front prédestinés, c'est le devoir de la postérité de se tourner vers cette lumière, non-seulement pour se couronner de ses rayons, mais encore pour s'échauffer à ce foyer ; car il y a dans les grands souvenirs tout à la fois une splendeur qui ravit, et une flamme qui pénètre et embrase les cœurs à jamais.

Voilà pourquoi les fêtes nationales remuent un peuple dans ses puissances les plus hautes et les meilleures, et font pour ainsi dire apparaître au dehors l'âme d'un pays.

[1] M⁰ʳ. Dupanloup, évêque d'Orléans.

Et le temps qui passe sur ces souvenirs, loin de les effacer et de les éteindre dans le cœur d'un peuple généreux, les ravive et les consacre encore, en les couvrant d'une majesté de plus.

Et lorsque, dans ces souvenirs, les deux plus grandes choses d'ici-bas, la patrie et la religion, se rencontrent, quand la gloire des aïeux et la gloire de Dieu sont mêlées et confondues, et qu'une fête civique est à la fois patriotique et religieuse, c'est tout ce qu'il y a sur la terre de plus auguste et de plus touchant.

Et telle est, Messieurs, la solennité qui nous rassemble en ce moment dans ce temple.

Hier, sur le seuil de cette basilique, devant le peuple et devant l'armée, au bruit des fanfares guerrières et des chants sacrés, la vieille France et la France moderne, la religion et la patrie, se rencontraient et s'embrassaient ; une bannière des temps antiques passait des mains du premier magistrat de la cité dans celles du Pontife qui la déposait sur l'autel en rendant grâces au Dieu des armées, et, à ce moment-là, vos belles tours, illuminées tout-à-coup de la base au sommet, annonçaient au loin par les plus glorieuses splendeurs que la fête séculaire avait commencé ; et maintenant, Messieurs, sous les voûtes émues de ce temple, magistrats, soldats, prêtres, peuple, toute la cité est là, palpitante en face du grand souvenir et de la grande image qui planent sur nous, attendant une parole qui par la grâce de Dieu ne se taira jamais sur nos lèvres.

Qu'est-ce donc que ce souvenir qui, depuis plus de quatre siècles déjà, chaque année, en ce jour, ramène dans la cité orléanaise un enthousiasme que le temps n'affaiblit pas ? C'est que, Messieurs, votre terre un jour a été visitée par la gloire, et a vu, selon l'expression du poète,

> De ces combats fameux qui s'en vont devenir,
> L'éternel entretien des siècles à venir ;

une délivrance, merveilleuse, qui fut à la fois la vôtre et celle de la patrie, par une héroïne, qui est bien une des plus suaves visions de l'histoire, figure unique dans les annales des peuples, absolument sans tache, admirablement belle, sainte, touchante, glorieuse ; et cela, Messieurs, par une intervention spéciale et manifeste de Celui sans lequel rien de grand ne se fait sur la terre.

Et grâce à une érudition pieuse envers la patrie (1), nous pouvons contempler ce souvenir dans toutes les certitudes de l'histoire, avec le tressaillement du patriotisme et le noble orgueil de la foi.

Pour moi, chargé tout à coup de vous interpréter ces grands spectacles, je tremblerais encore plus de cette tâche imposée à ma faiblesse, si les choses ne devaient parler d'elles-mêmes, et si je n'espérais, Messieurs, trouver dans tous vos cœurs un écho patriotique et bienveillant qui achèvera et soutiendra ma parole.

C'est Dieu qui a fait les peuples et qui les gouverne ; et bien que l'intervention divine dans les choses humaines soit cachée d'ordinaire sous le jeu régulier des lois de l'histoire, de temps en temps elle éclate par des coups soudains qui, renversant

---

(1) Qu'on nous permette de nommer ici, avec une particulière reconnaissance, parmi les hommes dont les savantes recherches ont éclairé l'histoire de Jeanne d'Arc, M. Mantellier, président de chambre à la Cour impériale d'Orléans, et M. Collin, ingénieur en chef de la Loire.

tous les calculs, trompant toutes les conjectures, donnent aux choses des issues tellement imprévues, qu'on sent bien que l'homme n'est pas le maître des événements, et qu'un plus fort que lui les conduit.

Qui de nous, Messieurs, n'a pas vu ainsi passer Dieu dans l'histoire, même dans l'histoire contemporaine, et n'a pas reconnu quelquefois en tressaillant l'ombre de sa main ? *Digitus Dei est hic.*

Et certes, dans le grand souvenir dont nous célébrons aujourd'hui le 437e anniversaire, dans cette délivrance inespérée et instantanée d'un peuple par une jeune fille de dix-huit ans, qui donc pourrait ne pas voir une intervention divine éclatante, un coup de Providence, et dans Jeanne, la libératrice, un instrument providentiel choisi et manifeste ?

Mais comme Dieu, quand il intervient ici-bas, agit par des hommes, l'action divine, même la plus miraculeuse, opère toujours sur un fond humain, sur des forces humaines, auxquelles s'ajoute, comme un feu tombé d'en haut, l'inspiration, la force céleste. Deux rayons, l'un du ciel, l'autre de la terre, en se rencontrant et se croisant sur leur tête, forment à tous les inspirés de Dieu leur glorieuse auréole. Pour donc comprendre Jeanne, afin de l'admirer comme il convient, et de glorifier Dieu comme il est juste, nous chercherons, Messieurs, quels furent, dans la Vierge de Domrémy, ce fond humain, ces forces humaines, que l'inspiration vint tout-à-coup saisir et transformer ; et comment ces forces se déploient, avec un éclat toujours grandissant, sur des théâtres de plus en plus élevés, à travers les trois phases de sa merveilleuse histoire, son doux et gracieux matin, son resplendissant midi, et au soir de sa rapide carrière ce soudain coup de foudre qui consomma tout dans une gloire supérieure et achevée. Et ainsi verrons-nous, Messieurs, ce qu'il y a de plus beau à regarder sur la terre, ce qui est plus que l'action même, ce qui est la racine vraie des grandes choses, une âme, l'âme de Jeanne-d'Arc. Et de la sorte, embrassant notre grand sujet tout entier, sous son double aspect humain et providentiel à la fois, pourrons-nous recueillir de tels événements les hautes leçons qu'ils renferment. *A Domino factum est istud, et est mirabile in oculis nostris.*

O Dieu ! soutenez ma parole.

I.

Lorsqu'on étudie, Messieurs, autant du moins qu'on le peut faire à travers les ombres de cette vie, un de ces grands évènements où il faut voir manifestement un coup de Providence, trois choses doivent être considérées : le moment, la cause l'instrument.

Et d'abord, le moment. La sagesse éternelle choisit toujours son moment, car c'est elle qui fait les temps et qui en dispose. Elle vient à l'heure ou l'on désespère, où tout semble perdu, sans ressources, et le serait en effet, si Dieu ne s'en mêlait.

Or, la France en était là en 1429. Quel politique alors n'eût prophétisé le triomphe certain de l'Angleterre ? Nous étions vaincus sur les champs de bataille ; Crécy, Poitiers, Azincourt, noms douloureux, avaient emporté la fleur de la chevalerie française. Plus terribles que les armes anglaises, les dissensions intestines dévoraient les forces vives de la nation, et des deux puissantes factions qui déchiraient le sein de la France, il y en avait une qui combattait pour l'étranger. Triste fruit, Messieurs, des discordes civiles ! Elles font pâlir dans les cœurs l'image de la patrie. Les passions sont tout, et le pays rien ! Forte de cet appui et de ses victoires, l'Angleterre agrandissait chaque jour son ambition et ses conquêtes. La capitale du royaume était entre ses mains. Et pendant ce temps-là, sur le trône de France, la démence était assise, et à côté de la démence, la corruption. Tout était perdu, Messieurs, même l'honneur ! Une femme qui n'avait pas su se faire un cœur de mère, une reine de France qui n'avait pas su se faire un cœur français, avait de ses propres mains livré sa fille et la couronne de son fils à l'étranger. Et en conséquence de ce honteux traité de Troyes, quand l'infortuné Charles VI eut fermé les yeux, tout à coup les cendres de nos vieux rois tressaillirent dans leurs tombeaux de Saint-Denis, à la voix d'un héraut anglais qui proclamait Henri de Lancastre roi de France et d'Angleterre. Et pour achever de lui conquérir ce nouveau royaume, et chasser du reste de ses provinces le jeune fils de Charles VI, un roi de vingt ans, tous les plus fameux guerriers de l'Angleterre ont passé la mer, et inondé de nouveau la France. Charles VII cependant s'amuse au lieu de combattre, et, doutant de lui-même et du pays, ne se sentant pas au cœur assez de sang royal pour prendre l'épée, il parle déjà d'aller cacher au-delà des Pyrénées ou dans les montagnes de l'Écosse la honte du trône de France perdu. Cependant, l'ennemi avance toujours, le torrent roule jusqu'aux murs de votre cité. L'Angleterre a compris que ce dernier boulevard une fois emporté, rien n'arrêtera plus la conquête. Alors elle commence ce fameux siège, et enserre vos murailles de cette formidable ceinture de bastilles, appuyées au-delà d'un cercle d'autres bastilles, qui sont ces places fortes qu'elle occupe tout autour de vous et des deux côtés du fleuve : Jargeau, Meung, Beaugency, et jusqu'à Montargis.

Honneur à vous, Orléanais ! Vous vous êtes souvenus de votre vieille gloire. Race fidèle, paisible et brave, héroïque au jour du danger, posée là, au cœur de la France, comme une sentinelle intrépide, chargée d'arrêter tout ennemi qui veut passer ! Trois fois, Messieurs, dans l'histoire l'invasion est venue jusqu'à vous, et trois fois vous lui avez dit : Tu n'iras pas plus loin ! Heureuse, oui heureuse la cité à qui échoit ainsi dans l'histoire l'honneur de représenter la patrie aux heures suprêmes, et de sentir battre dans son sein l'âme de la France !

Mais que peut le courage contre des forces si supérieures ? une ville contre deux peuples ? En vain, dans ce siège à jamais mémorable, vous avez fait des prodiges de dévouement et de bravoure, brûlé vos faubourgs, « les plus beaux de France, » toute une ville, abattu vos églises et vos couvents, fondu les bijoux de vos femmes et les vases sacrés de vos prêtres, et livré pendant huit mois d'héroïques combats, sans qu'il fût forfait un seul instant chez vous à la gaîté pas plus qu'à la valeur française, il faut succomber, et vos défenseurs, rentrés sanglants dans vos murs après cette triste déroute, vous ont dit qu'il n'est plus d'espérance.

Il n'est plus d'espérance : Eh bien ! Messieurs, c'est l'heure de Dieu. Pour les causes qu'il protège, quand tout est perdu, c'est alors que tout est sauvé.

Quoi ! Dieu laisserait périr la France ! cette nation qu'il a faite si noble, si généreuse, si héroïque, pour des desseins si manifestes, pour une mission si grande dans le monde, elle cesserait d'être ! Elle perdrait, avec son indépendance, son mouvement propre, son action, sa vie ! Elle serait condamnée à tourner, comme un satellite obscur, dans l'orbite d'une puissance étrangère ! à suivre, comme une chaloupe attachée à ses flancs, le grand vaisseau de l'Angleterre ! Démembrée ou asservie, elle deviendrait une Irlande, une Pologne ! Non, Dieu ne le voulait pas.

Si mystérieux que soient les desseins de Dieu, Messieurs, quelquefois la main divine elle-même déchire le voile qui les couvre, et, aux clartés révélatrices de l'histoire, cette prophétie du passé, nous pouvons en entrevoir quelque chose.

« Vive le Christ, qui aime les Francs ! » Ainsi disaient nos pères dans le préambule de leur plus vieille constitution. Nous n'étions pas encore la France, et Dieu déjà nous appelait des forêts de la Germanie, pour être, selon l'expression d'un Pape et d'un Évêque de ce temps-là, « le bras de fer et la colonne de l'Église. » Puis il nous baptisait avec Clovis à Reims ; et depuis, regardez l'histoire, et voyez ce que Dieu, selon une autre belle expression de nos pères, a fait dans le monde, par l'épée des Francs : *Gesta Dei per Francos !* Quelle autre épée que la nôtre, pour ne toucher en courant que les grands sommets des choses, a protégé le Saint-Siège contre les Barbares, constitué temporellement la Papauté, repoussé l'invasion musulmane, et plus tard brisé sur son propre terrain le croissant redoutable ? Je ne descends pas plus avant dans l'histoire. Et n'est-ce pas pour nous préparer une telle mission que Dieu, qui pétrit les peuples comme les individus, a successivement amené sur le sol qui nous porte ces fortes races, gauloise romaine, et franque, qui fondues ensemble par un travail profond, et pénétrées par l'esprit chrétien, ont fait la France, et nous ont formé du mélange de leurs qualités diverses un tempéramment de peuple, un caractère national, ce génie français, qu'on redoute ou qu'on admire, mais qui est tel qu'il convenaît au soldat de Dieu dans le monde, comme on nous nommés, au protecteur armé de la civilisation chrétienne, au peuple de l'initiative et du progrès, à l'athlète désintéressé de toutes les grandes causes. Absorbée ou mutilée par l'Angleterre, et entraînée plus tard inévitablement dans son schisme, la France, Messieurs, eut manqué à l'Église, à l'Europe et au monde. Voilà pourquoi Dieu voulut la sauver.

Par qui ? Quel fut l'instrument choisi par la Providence ? C'est ici, Messieurs, que nous entrons dans les splendeurs de notre sujet, et que l'histoire la plus authentique va devenir la plus merveilleuse poésie. *A Domino factum est istud, et est mirabile in oculis nostris.*

Dieu n'appelle pas un capitaine, un soldat de génie : il en germe trop naturellement sur le sol français pour que l'apparition d'un héros de plus sur la terre des héros parût sortir des voies ordinaires de la Providence. O merveille ! l'épée qui doit sauver la France, Dieu va la remettre à des mains qui ne sont pas faites pour porter l'épée : il va la remettre à une jeune fille.

Plus d'une fois, Messieurs, il a plu à Dieu de choisir des femmes pour les missions libératrices. Et la pensée philosophique et chrétienne qui en recherche la cause, trouve peut-être qu'il les choisit tout à la fois pour leur faiblesse et pour leur force.

Pour leur faiblesse, qui laisse d'autant plus paraître la main de Dieu ;

Et pour leur force : car Dieu a mêlé, comme une compensation sublime, des forces merveilleuses à leur faiblesse ; forces du cœur, de l'amour, du dévouement, de la pitié, de la tendresse ; forces de la foi et de l'enthousiasme ; de la pureté, du sacrifice, de la souffrance ; toutes ces choses qui sont bien les trésors divins de leur âme, qu'elles possèdent plus que nous, il faut le dire, et qui font d'elles souvent des instruments meilleurs que nous au service de Dieu.

Et cette femme, Dieu la choisit, non dans les races royales ou princières, que la corruption alors avait trop pénétrées ; mais plus avant dans les entrailles de la nation, dans ces forces vives du pays que le mal n'avait pas encore atteintes au même degré, dans le peuple. Car il y avait, même dans la France de ce temps-là, un peuple par-dessous les races féodales.

Le peuple, Messieurs, un peuple bon, honnête, chrétien, est comme la base granitique d'une nation, les fortes assises sur lesquelles elle pose. Et de même que, dans les couches profondes du sol, circulent de puissants fleuves, qui ne jaillissent pas toujours à la surface, mais promènent partout où ils passent la fécondité et la vie, de même dans l'âme d'un peuple chrétien Dieu a déposé d'admirables puissances, comme de grands courants, qui sont ce qu'un pays a de plus vital et de plus profond. Aussi, Messieurs, tant que la corruption n'est pas descendue-là, jusqu'à ces sources, tant qu'un peuple est sain encore d'esprit et de cœur, ne désespérez pas d'un pays. Heureusement, malgré les désordres et les calamités de cette triste époque, le peuple en était encore là ; la masse des familles populaires, en Lorraine surtout, gardaient leur intégrité. Et si l'on regarde de près, Messieurs, à ce qui composait alors, dans notre ancienne France, l'âme du peuple, avec les vertus qui font aux familles plébéiennes dans leur pauvreté leur riche patrimoine d'honneur, et dont un poëte contemporain, que je suis heureux de saluer ici, a parlé en si beaux vers (1) :

>C'était notre soleil dans nos travaux obcurs,
>Qui nous ont gardé fiers en nous conservant purs ; etc.

(1) M. V. de la Prade, de l'Académie française.

qu'est-ce qu'on trouve? Deux puissances qui résument tout : le patriotisme et la foi : ce qu'il y a au fond de plus grand et de plus fort ici-bas.

Le peuple aime la patrie : cet amour, Messieurs, c'est la poésie du peuple. Regardez-le : ne sont-ce pas les gloires ou les douleurs nationales qui font le plus palpiter son âme, et qui amènent dans le travail des chants tristes ou joyeux sur ses lèvres ? Que la patrie parle, et vous voyez soudain ces natures populaires, simples et agrestes, soulevées jusqu'à l'enthousiasme et jusqu'aux dévouements les plus sublimes.

Duguesclin, Messieurs, en savait quelque chose, quand il disait avec confiance aux Anglais : « Sachez bien qu'il n'y a pas « dans ma Bretagne une fileuse qui ne file une quenouille pour « ma rançon. »

Avec la patrie, le peuple, laissé à lui-même, à ses naturels instincts, aime la religion. Ou plûtot, Messieurs, il ne distingue pas entre ces deux amours. Pour lui, la Patrie et la Religion ne font qu'un. Et le peuple a raison, Messieurs. Les autels et les foyers, l'humanité a toujours uni ces deux choses. Et la vieille France, baptisée par l'Eglise au baptistère de Reims, avait puisé là ces deux amours indissolubles, qu'elle a portés depuis dans toutes les phases de son histoire avec une fidélité inviolable ; et, je l'espère, qu'elle garde encore aujourd'hui.

Eh bien ! c'est là que Dieu vint prendre l'instrument qu'il choisissait, dans une de ces humbles familles, où vivait, avec les vieilles vertus, le double culte de la Patrie et de Dieu ; il la trempa profondément à ces deux sources ; il lui fit l'âme la plus populaire, c'est-à-dire la plus française et la plus croyante ; Jeanne, Messieurs, c'est le peuple ; Jeanne, c'est la France.

Et de plus, pour qu'il y eût comme une divine poésie jetée sur toutes ces choses, cette femme destinée à sauver la France, Dieu la prend, non-seulement dans une famille obscure, mais sous un toit champêtre, dans un pauvre village, dans ces races qui vivent à ciel ouvert plus près de la nature et de Dieu; c'est une fille des champs, une petite bergère, comme autrefois sainte Geneviève.

Et il la prend, non pas à l'âge de la maturité et de la force, mais à ce moment charmant du premier et pur épanouissement de la vie, de la première fleur de jeunesse, et des premiers enthousiasmes de l'âme.

Regardez : le charme des choses qui commencent ne fut nulle part plus ravissant.

Dans une riante vallée de la Meuse, au penchant d'une colline verdoyante, à l'ombre d'une antique église, près d'une fontaine aux eaux salutaires ombragée par un vieux chêne, dans un village fidèle aux vieilles coutumes et aux vieilles traditions, sur une terre portant le nom de saint Rémy (Dom Rémy), et dépendant autrefois de l'abbaye de Reims, dans une famille où l'honneur sans tache, la vie laborieuse, les cœurs purs et bons, laissaient germer dans toute la simplicité populaire les instincts religieux et patriotiques de l'ancienne France, Dieu place son berceau. Elle grandit, l'âme ouverte aux récits du foyer qui lui parlent de Dieu et de la France : filant la laine ou gardant les troupeaux ; innocente et douce, timide et rougissante; sensible au malheur; pieuse surtout: ne sachant que ces simples prières que lui a apprises sa mère, le *Pater*, l'*Ave*, le *Credo*, mais qui contiennent tout ; aimant à prier dans l'église du village, à brûler des cierges devant l'autel, à orner de guirlandes la statue de Notre-Dame de l'ermitage, rêvant pensive au son des cloches ; mais, troublée dans la paix du hameau par des bruits de guerre, et s'entretenant, dans le silence des champs, des malheurs de la patrie :

Voilà, Messieurs, avec les diverses influences qui le préparent, l'instrument que Dieu choisit, la nature que le souffle d'en haut tout à l'heure va soulever, et dans laquelle il va mêler, je ne sais comment, par une divine transformation, les plus étonnants et les plus charmants contrastes : le bon sens et l'extase, la naïveté et le sublime, la pitié et l'ardeur guerrière, la gaîté vive, la verve joyeuse, avec les larmes et les prières ; un soldat dans une jeune fille, une sainte dans un héros ; puis un ascendant, un charme devant lequel il faut que tout cède ; une éloquence singulière, à la fois plébéienne et chevaleresque, qui entraîne tout ; des illuminations, des audaces, qui ressemblent à du génie ; et des coups d'épée enfin qui changent en un moment la face des affaires et la fortune de la France. Voyons ces choses, Messieurs, voyons ce que l'inspiration, appelée par une vie angélique, va faire dans cette douce et timide jeune fille, avec ces forces de l'âme populaire et de l'âme française : *A Domino factum est istud, et est mirabile in oculis nostris.*

II.

Des voix lui parlent, « moult douces et belles ; » des personnages célestes lui apparaissent, saint Michel, l'ange des combats, et deux vierges matyres, sainte Catherine et sainte Marguerite. Étonnants symboles de toute sa destinée ! Et que lui disent, Messieurs, les Saintes et les Anges ? Deux choses que je vous prie de remarquer :

« Mon enfant, sois pieuse et bonne, va souvent à l'Église. »

Voilà la première parole que lui disent les voix. Comme pour lui faire entendre : « Prépare-toi ! Dieu va venir ! » Et elle l'entend si bien, qu'immédiatement — ô Messieurs, intuition sublime d'une fille des champs, d'un enfant qui ne sait pas lire, et qui comprend tout à coup la pureté supérieure nécessaire à l'être que Dieu a touché ! — immédiatement, elle fait vœu de rester vierge, et de ne connaître dans son âme d'autre amour sur la terre que Dieu et que la Patrie.

Puis, répondant à ses habituelles pensées, les voix lui parlent « de la grande pitié qui est au royaume de France ; » et elles lui répètent : « Va, va, va, Fille de Dieu, délivre la France ! « Dieu sera avec toi. » Les deux puissances qui tout à coup éclatent dans la jeune fille et vont la transfigurer, vous les reconnaissez, Messieurs, c'est ce qui fait le fond de Jeanne d'Arc, ce dont son âme est pétrie, la foi en Dieu et la foi en la France. C'est cela que le souffle de Dieu va toucher et transfigurer.

Cinq ans entiers dure le mystère, profondément caché par l'enfant dans le secret de son âme, au sein d'une lutte qu'elle n'a pas dite, mais que tous les inspirés de Dieu ont connue ; et quand enfin il éclate au dehors, qu'a-t-il fait, qu'a-t-il mis dans cette jeune fille ?

Il y a mis, avec une sainteté plus haute et plus pure encore qui atteste l'action divine, avec un attrait singulier pour la prière, pour le commerce avec le ciel, qui la suivra dans les combats et ne cessera plus, des clartés et des forces absolument supérieures à cette humble nature, et qui vont tout à coup prêter à son action un caractère inexplicable et merveilleux.

Ces clartés, les voici : c'est que le Dauphin est le roi, et que la France est au roi, et le roi à Dieu. Vous reconnaissez ici encore, Messieurs, le bon sens populaire, qui n'hésite pas dans les grandes questions politiques, qui les résoud avec une simplicité et une netteté toute puissantes. Ce sont de plus, deux intuitions qui s'appelleraient du génie, s'il pouvait être ici question de génie, deux vues supérieures de guerrier et de politique : cette délivrance nécessaire d'Orléans, où est le péril suprême ; puis, ce dont personne autour du roi n'osait concevoir la pensée, cette marche hardie vers Reims, afin de gagner de vitesse sur l'Anglais le prestige du sacre, si puissant sur la France d'alors. Que ces clartés, Messieurs, soient tombées dans une fille des champs, et avec les forces que nous allons dire, voilà la merveille.

Ces forces, c'est d'abord une conviction, une foi pleine, entière, inébranlable, en sa mission. Elle a une mission ; Dieu l'envoie pour délivrer Orléans, et conduire le roi à Reims : « Menez-moi vers le roi, il le faut, j'irai, quand je devrais user mes jambes jusqu'aux genoux. Sachez bien que ni prince, ni duc, ni la fille du roi d'Écosse, ne pourra délivrer la France, excepté moi, bien que j'aimasse mieux filer ma laine et garder mes troupeaux. » C'est ensuite, dans cette timide enfant, une obstination invincible, qui subjugue tout : son père, qui menace de la noyer, si elle part avec les hommes d'armes ; le sire de Baudricourt, qui lui jette à la face que « de bons soufflets la guériront de sa folie » ; le roi, qui la reçoit pour l'effrayer dans un appareil pompeux, mais qu'elle reconnait aussitôt dans la foule des courtisans où il se cache, et à qui elle dit à l'oreille un mot qui le délivre d'un doute honteux, et lui rend du cœur ; les théologiens de Poitiers enfin, ces vieux docteurs scolastiques, qui la pressent, des mois entiers, de leurs subtiles questions, et qu'elle confond par des réponses qui ne souffrent pas de repliques. Ainsi Jeanne triomphe de tout, car tout d'abord est contre elle ; le peuple seul l'acclame et la comprend, car il s'est reconnu en elle.

Et maintenant, Orléanais, courage ; le secours de Dieu va venir. Vos envoyés l'ont vue, et ce qu'ils vous en ont dit est véritable. Elle vient, elle descend les bords riants et fleuris de la Loire, avec une troupe intrépide, dans laquelle son âme a passé, et à qui elle souffle non-seulement le patriotisme et le feu des combats, mais la foi et la piété, et l'amour de Dieu, avec la valeur. — Noble alliance de la piété et de la valeur, que nos anciens preux connaissaient si bien, Messieurs, que la France d'alors avait trop oubliée, et que la France moderne aurait peut-être besoin de rapprendre. — Elle chevauche, armée de toutes pièces comme un chevalier ; elle porte une bannière qu'on lui a faite à Tours, et une épée miraculeuse trouvée derrière l'autel de Sainte-Catherine à Fierbois. En vain les Anglais ferment la route ; elle passe à travers leurs bastilles. La voilà ; elle est dans vos murs. O transports de tout un peuple ivre de joie et d'espérance ! On baise son armure, sa bannière, son cheval. On la suit en foule, ici, dans cette cathédrale, où elle vient avant tout fléchir le genou et invoquer le Dieu des combats ; toute la ville se presse sur ses pas et lui fait cortége. Les acclamations retentissent jusqu'aux cieux. Les Anglais, dans leurs forts, en frémissent, et Orléans se sent déjà « désassiégé. »

Sur-le-champ elle est à l'œuvre. Ecoutez ses injonctions, ses défis superbes aux Anglais. Tantôt une flèche leur porte ses lettres : « Lisez, voici des nouvelles... Je suis chef de guerre... de par Dieu, partez. » Tantôt de l'extrémité du pont rompu, elle leur crie les mêmes menaces. On dirait d'un héros d'Homère. Mais sous les outrages grossiers de Glacidas, elle pleure, la virginale jeune fille. Voyez-la au conseil des chefs : quelle ferme assurance ! quelles intuitions étonnantes !

Est-ce un enfant qui n'a fait que filer la laine et garder les troupeaux? Est-ce un capitaine blanchi dans les batailles? Dunois, La Hire, Xaintrailles, fiers chevaliers, marchez et suivez la Pucelle.

Je ne vous dirai pas, Messieurs, on l'a trop bien fait (1), les trois coups d'épée immortels par lesquels Jeanne, en capitaine consommé, débloque d'abord la rive droite de la Loire en brûlant la bastille de Saint-Loup ; puis, passant le fleuve, emporte la bastille des Augustins, et immédiatement, malgré l'hésitation et l'opposition des chefs, par une soudaine inspiration, — « vous avez été à votre conseil ; j'ai été au mien ! » —décide l'attaque des Tourelles, et termine le siége par ce grand coup. Journée héroïque, où l'on vit de si beaux combats. Jeanne y versa son premier sang. Après être restée huit heures durant au pied des murs, à la portée de tous les traits, animant les soldats de l'exemple, de la parole et du feu de ses regards, au moment où elle appliquait une échelle contre le rempart, elle est blessée d'une flèche au défaut de son armure entre le cou et l'épaule. On l'emporte. A la vue de son sang qui coule, elle pleura, dit-on. Larmes de jeune fille. Bientôt l'héroïne se retrouve. Elle arrache elle-même la flèche qui sortait d'une largeur de main ; puis, s'écartant un peu du champ tumultueux du combat, dans une vigne voisine, agenouillée, elle priait, elle demandait une inspiration au Ciel, quand tout à coup elle entend Dunois lui-même, Dunois qui fait sonner la retraite. Elle se relève : « En avant ! en avant ! dit-elle ; en « mon Dieu, n'ayez doute ; quand vous verrez ma bannière « toucher au rempart, entrez hardiment, tout est vôtre. » Soulevés, les assaillants franchissent, « comme par un degré, » disent

---

(1) M. l'abbé Bougaud, dans le panégyrique de l'année dernière.

vos chroniques, ces fameux remparts, Jeanne, la première, criant : « Glacidas ! Glacidas ! rends-toi ! Tu m'as outragée, j'ai « pitié de ton âme ! » Mais Glacidas n'entendait pas ; déjà la Loire roulait son cadavre dans ses flots irrités.

Les Tourelles étaient emportées, et Jeanne, le soir, revenait triomphante par le chemin que vous allez parcourir tout à l'heure, Messieurs, chanter un *Te Deum* d'actions de grâces dans cette cathédrale, sous ces voûtes qui le répètent depuis quatre siècles !

Le lendemain il n'y avait plus un seul Anglais devant Orléans. Huit jours avaient suffi pour terminer un siége de huit mois. Mais ils occupaient toujours à votre droite et à votre gauche tout le cours du fleuve qu'ils avaient intercepté. Jeanne alors commence contre eux cette brillante campagne qui s'achève encore par les trois coups d'épée que vous savez ; Jargeau, où elle entraîne à l'assaut le duc d'Alençon qui hésite : « Gentil duc, as-tu peur ? A l'assaut ! à l'assaut ! » Puis, Meung et Beaugency qu'elle emporte également ; et enfin le cours de la Loire étant libre des deux côtés, cette fameuse charge de Patay, où la Pucelle pousse les Anglais devant elle, et déclare que fussent-ils pendus aux nues, on les aura, si on a de bons éperons. Les voilà, ces fiers conquérants de la France ! Battus partout, dans leurs bastilles, derrière leurs murailles, en rase campagne, ils fuient ! ils fuient devant une femme ! Talbot y flétrit sa vieille gloire et se rend prisonnier ; et Falstof, fugitif jusqu'à Paris, apprend aux duc de Bedfort, qui en frémit, que *le petit roi de Bourges* pourrait bien ne pas tarder à être le roi de France.

Jeanne, en effet, le prend par la main, malgré ses hésitations : « Gentil Dauphin, ne tenez pas si longs conseils ; en mon

Dieu, marchez ! » et, précédée par la terreur de son nom qui fait tomber les portes des places devant elle, elle le conduit de ville en ville et de triomphe en triomphe jusqu'à Reims ; l'onction sainte coule sur la tête du descendant des vieux rois francs : c'était fait, Messieurs, la nation retrouvait son roi, la France échappait pour jamais à la vassalité de l'Angleterre, et restait la France. Voilà les merveilles accomplies en quelques mois par une fille des champs : *A Domino factum est istud, et est mirabile in oculis nostris.*

Et ce qu'il y a de plus beau et de plus touchant encore que tout cela, c'est elle-même, Messieurs : voyez-la au milieu de tous ces triomphes.

Est-elle enivrée de sa gloire ? Ou bien a-t-elle perdu quelque chose de sa sainteté dans les camps ? Cette âme de guerrier passée dans la fille a-t-elle fait disparaître ce charme de naïve innocence et d'angélique pudeur qui était sur elle à Domrémy ?

Non : humble au milieu de ses triomphes, elle dit : « Je ne suis rien : mon fait n'était qu'un ministère ; » et le souffle divin qui a passé en elle tout élevé et déployé, sans rien emporter : même candeur d'âme, même fleur de pureté, même pitié touchante, plus ces grands desseins, ces coups hardis, cette flamme céleste ; la sainteté et la guerre, la douceur et les combats, la piété et la vaillance ; étrange héroïne, entraînant tout sur ses pas, et pleurant à la vue d'un blessé, soutenant sur ses genoux, comme une sœur de charité, la tête d'un Anglais mourant ; rayonnante de foi et d'enthousiasme, relevant vers le ciel du côté de Dieu tous les courages, retrempant sans cesse le sien par la confession et sa communion à sa source divine, prêchant la prière et la pénitence à ces durs hommes d'armes ; et en effet les voilà qui prient avec elle, comme ils peuvent, dans un langage bizarre, mais sincère : « Sire Dieu, fais pour Lahire ce que Lahire ferait pour toi, si tu étais capitaine, et si Lahire était Dieu ; » et puis, Messieurs, laissant échapper dans l'action de ces mots, héroïques ou charmants, qui enivraient le peuple et faisaient vibrer l'âme française.

« Ah ! sanglant garçon, vous ne me disiez pas que le sang de France fût répandu !

« Je n'ai jamais vu couler le sang français sans que mes cheveux levassent sur ma tête.

« Duc de Bourgogne je vous fais à savoir que vous ne gagnerez pas bataille à l'encontre des loyaux français, et que tous ceux qui guerroient contre *le saint royaume de France* guerroient contre Dieu ! »

Quelle française ! La voilà, Messieurs. En un mot, toutes les gloires, et toutes les grâces, et tous les charmes sur un jeune front, voilà le spectacle. *A Domino factum est istud, et est mirabile in oculis nostris.*

III.

Toute la France tressaillait encore au bruit de ces merveilles, le nom de Jeanne était sur toutes les lèvres et enivrait le peuple, quand tout à coup une nouvelle lugubre traversa le pays avec la rapidité de l'éclair : La Pucelle est tombée aux mains des Anglais ! Les Anglais l'ont brûlée !

Oui, Messieurs, tout cet héroïsme, tous ces triomphes vinrent s'abîmer tout à coup au bûcher de Rouen.

Qu'y-a-t-il là, Messieurs ? Comment et pourquoi cela se fit-il ? Quel est ce nouveau conseil de Dieu ? Est-ce là la récompense due à l'héroïne ? Est-ce là le dénouement attendu de cette merveilleuse intervention de la Providence ? A la première vue, un saisissement nous oppresse ; mais si, nous recueillant solennellement en face de ce sombre drame, nous regardons plus à fond le mystère, ce dénouement ne nous paraîtra pas moins divin.

Il y a là, pour la Vierge de Domrémy, une gloire et plus haute et plus rare. Et loin de la plaindre, Messieurs, il faut dire avec elle, dans sa sublime résignation : « Puisqu'il a plus ainsi à « Dieu, je crois que c'était le meilleur pour moi. »

Donc, à Dieu ne plaise que nous versions sur elles les larmes que l'antiquité versait sur les jeunes victimes, ravies trop tôt à la lumière « si douce à voir ; » ni que nous répétions sur Jeanne l'élégie trop plaintive d'un poète qui n'était pas assez chrétien pour comprendre cette gloire chrétienne :

> Tu ne reverras plus tes riantes campagnes,
> Ni le hameau de Vaucouleurs,
> Ni tes vallons, ni tes montagnes...
> Ah ! pleure, fille infortunée !

Non, Mesdames, non, élevons plus haut nos pensées et nos cœurs.

La mission de Jeanne d'Arc était terminée ; elle l'avait déclaré elle-même. Au moment du sacre, à Reims, on l'avait vu s'agenouiller devant le roi, et lui dire en pleurant à chaudes larmes : « Gentil roi, ores est exécuté le plaisir de Dieu, qui voulait que je levasse le siège d'Orléans, et vous amenasse à Reims, recevoir votre saint sacre. » Puis elle avait demandé en grâce de retourner dans son village, près de sa mère et de son père, de ses frères et de ses sœurs, « qui, disait-elle, auraient grande joie de la revoir. »

Mais son roi ne l'avait pas voulu. Elle avait donc repris son épée et sa bannière, et recommencé ces batailles destinées à chasser du sol le dernier Anglais ; avec la même vaillance sans doute, mais plus avec la même joie. De temps en temps des pressentiments venaient la saisir au cœur, et des amertumes inattendues lui faire verser d'abondantes larmes.

Triste misère du cœur humain, Messieurs ! La gloire pèse ; les grands services sont importuns ; le poison de l'envie se glisse sourdement dans les âmes mortelles ; la flamme divine, les élans généreux, fatiguent les vulgaires courages. Cette jeune fille, que la main de Dieu a suscitée, que le peuple adore, que l'Angleterre redoute à l'égal d'une armée, qui a rendu le trône à son roi, et sa nationalité à la France, il y en a autour du roi qui ne peuvent plus, qui ne veulent plus la suivre. « Vous n'avez pas peur dans les batailles, » lui avait demandé un homme de Domrémy, accouru à Reims pour voir la fille du village dans sa gloire. — « Je ne crains, avait répondu Jeanne, que la trahison. » Paris ! Paris ! qui donc a « dépecé pendant la nuit, » le pont jeté sur ton fleuve, et par où l'héroïque Pucelle, blessée hier sous tes remparts, et restée là sanglante dans tes fossés jusqu'à minuit, — elle ne voulait pas s'en aller, il a fallu l'arracher de force ! — espérait aujourd'hui recommencer l'attaque et entrer dans tes murs ? Et toi, ô Compiègne ! quelles mains ont relevé les chaînes de ton pont-levis et livré Jeanne aux ennemis de la France ?.... Avec quels cris de joie, Messieurs, l'Angleterre vit cette proie entre ses mains, comme si elle eût tenu enchaînée avec elle la fortune de la France ! Aussi, pour l'avoir, rien ne lui a coûté ; elle l'a payée la rançon d'un roi ; et elle ne la lâchera pas, car ce qu'elle tient, l'Angleterre le tient bien.

Soit, l'Angleterre est dans son rôle. Mais vous, ô roi

qu'elle a sauvé, chevaliers qui la suiviez dans les batailles, peuple qu'elle a délivré du joug étranger, ne ferez-vous rien pour sa délivrance ? Non, rien, Messieurs, rien. On l'abandonne. O Dieu ! vous l'avez ainsi permis !

Ces ingratitudes royales, tu les as connues comme elle, ô toi qui fus aussi le soutien de ton roi, grand citoyen de mon pays, dont le nom est digne d'être prononcé ici après celui de Jeanne d'Arc, Jacques Cœur !

Eh bien ! Messieurs, affrontons sans crainte cette prison, ce procès, ce bûcher. Jeanne, au milieu de ces ombres, va rayonner d'une plus sainte et plus belle splendeur.

Vous l'avez dit, Monseigneur : « Si Jeanne était devenue « une grande princesse, ou bien si selon le vœu naïf de son « cœur, elle était retournée à Domrémy, nous aurions eu une « princesse telle quelle, ou une pieuse bergère de plus, le « chant d'une merveilleuse épopée entre deux idylles... » Nous avons mieux.

Nous avons d'elle, de son âme, de son cœur, de sa mission, de ses œuvres, une révélation que sa gloire ne nous avait pas donnée, et qui illumine sa gloire même.

Et nous avons de plus sur le mystère douloureux des choses, sur les conditions de la vie et de la vertu ici-bas, une de ces grandes lumières qu'il est bon que Dieu donne de temps en temps à la terre.

Et en effet, Messieurs, une flamme passagère peut bien un moment soulever une âme, et lui prêter un factice appui ; et, dans les émotions du combat, les enivrements de la victoire et l'éclat du triomphe, peut-être n'avons-nous pas vu assez Jeanne elle-même, Jeanne toute seule. Lorsque, revêtue de sa blanche armure, sa bannière d'une main, son épée ou sa petite hache d'armes de l'autre, le visage rayonnant d'un divin enthousiasme, la Pucelle s'élançait en poussant ce cri de nos batailles françaises : En avant ! En avant ! les chevaliers suivaient électrisés. Mais l'enthousiasme n'a qu'un temps, et s'éteint vite dans les ombres d'un cachot, sous la meurtrissure des fers, dans les amertumes de l'isolement, les désolations de l'abandon, le long martyre de l'âme et du corps. Voilà, Messieurs, ce qui manifeste le fond d'une âme, et si le souffle divin est là, ou n'y est pas.

J'ose dire que, sans cette suprême épreuve, quelque chose eût manqué à Jeanne et à nous. Nous ne la connaîtrions pas tout entière, et sa mission céleste n'aurait pas reçu sa plus éclatante confirmation.

Mais, comme il est dit aux Saintes Écritures des tempêtes de Dieu, qu'elles remuent la terre et font apparaître aux regards les entrailles cachées du globe, ainsi l'affreux tourbillon qui enveloppa tout à coup la jeune fille et la jeta du champ glorieux des combats dans la solitude ténébreuse des cachots, découvrit à tous les yeux le fond réel qui portait cette vie héroïque, tout ce qui vibrait là dans cette âme au souffle de Dieu ; et ainsi fut mis le sceau le plus divin à sa merveilleuse image. Nous avions la grâce, nous avions la gloire : nous aurons une grandeur sacrée, avec ce je ne sais quoi d'attendrissant qui vient des grandes infortunes ; une héroïne achevée par une martyre ; tout ce qui ravit les hommes et tout ce qui les émeut à jamais.

Quel martyre ! Voyez : nulle prison n'est sûre pour l'Angleterre ; on la met dans une cage de fer ; on la traîne de cachots en cachots ; on l'y poursuit, à travers les barreaux, d'ignobles outrages ; on l'espionne par des ouvertures secrètes pratiquées aux murs ; on l'y tient, sous la garde de trois soldats anglais qui ne la quittent pas, le jour, la nuit, par des chaînes attachées à son cou, à ses mains, à ses pieds, et rivées à un pilier ; et même, quand la fièvre fera trembler les membres épuisés de la jeune fille, ces chaînes, on, ne les lui ôtera pas... Qui jamais a souffert plus que Jeanne pour la France !

Un an entier dura ce martyre. Mais les horreurs de la captivité ne sont rien auprès des hontes du procès.

Ah ! l'Angleterre est profonde calculatrice dans ses vengeances comme dans ses ambitions. Elle les a bien choisis, ces juges. Car, qui sont-ils ? Des Anglais ? Non, Messieurs, ce sont tous des Français... mais des Français vendus aux Anglais ; ils méritaient cet honneur ! Ajouterai-je ?... je le puis ici sans baisser la tête, que je vois parmi eux un évêque !... Ainsi, ce que Jeanne aime et vénère le plus, la Patrie et l'Église, voilà ce qui lui est opposé par ses ennemis, pour la tuer, deux fois, dans son honneur et dans sa vie. Comprenez-vous la perfidie et le raffinement de la haine, et l'inexprimable amertume du calice qui va être porté aux lèvres de Jeanne ?

Et ces misérables qui souillent à la fois deux sacerdoces, celui de la justice et celui de Dieu, quelle sera leur procédure ? Tout ce que l'habileté hypocrite peut inventer de ruses et dresser de pièges va être mis en œuvre, des mois entiers, dans des interrogatoires sans fin, contre une jeune fille illettrée, captive, enchaînée, sans conseil, sans défense ; colombe déchirée impitoyablement par des vautours.

Eh bien, vous avez interrogé son âme ; son âme vous a répondu ! Il existe, il existe ce procès mémorable, et c'est là qu'il faut lire, Messieurs, dans ces actes d'un nouveau martyre, ces étonnantes réponses de Jeanne d'Arc, vives, nettes, décisives, allant droit au but, jetant l'éclair de son bon sens sur ces captieuses questions, déchirant comme de la pointe d'un glaive toutes ces trames ténébreuses, dominant de toute la hauteur de son innocence ces juges vendus. Chaque question qui frappe cette âme d'enfant, en tire, comme d'un bronze divinement trempé, un son sublime.

Ecoutez, Messieurs, quelques-unes de ces réponses :

« Dieu hait-il les Anglais ? » — « De la haine ou de l'amour de Dieu pour les Anglais, je ne sais rien ; je sais seulement qu'il seront boutés hors de France. »

« Usiez-vous de magie contre les Anglais ? » — » Je disais : entrez hardiment aux Anglais, et j'entrais moi-même. »

« Etes-vous en état de grâce ? » — « Si je n'y suis pas, Dieu daigne m'y mettre ; et si j'y suis, Dieu daigne m'y conserver. »

« Pourquoi portiez-vous votre bannière près de celle du Roi à Reims ? » — « Elle avait été à la peine ; c'était bien raison qu'elle fût à l'honneur. »

Quel accent, Messieurs ! qu'elle est grande ! quelle est grande ! Et c'est une fille des champs, qui ne sait pas lire, un enfant de dix-neuf ans : En vérité, si le souffle de Dieu n'est pas là, où est-il ?

Tout cet abominable procès, le voici : Ce qui fait l'âme de Jeanne d'Arc, les trois puissances, les trois flammes, si je puis dire ainsi, qui la composent, sa foi de Française, sa foi de chrétienne, et enfin sa vertu, sa chaste vie, ce triple piédestal en elle de l'inspiration, voilà ce qu'ils attaquent et veulent renverser, pour écraser sous ces ruines la mission céleste elle-même ; mais voilà ce qui leur échappe et qui resplendit dans la prison de

Rouen, plus encore que sous le feu des batailles et dans les pompes triomphales de Reims.

Sa vertu ; oui, ils ont voulu briser sur sa tête cette couronne ; ils ont voulu lui arracher cette force qui met à néant leur accusation de magie, et appelle en elle la force de Dieu ! Mais en vain ils fouillent jusque dans son berceau ; leurs émissaires, au lieu des taches et des calomnies qu'ils sont allés chercher, ne rapportent que des témoignages de son innocence et de sa piété. La perfide enquête, et les périls de la captivité, ont fait briller d'un plus bel éclat l'auréole virginale sur son front.

En vain encore, désolant, avec une cruauté froide, l'âme de l'enfant, la blessant dans ce qu'elle a de plus sensible, ils cherchent à lui arracher sa foi à la France et au roi. Jamais elle n'affirmera plus haut la France ; jamais elle ne déclarera, avec une plus invincible fermeté, que Dieu l'a envoyée, elle, simple jeune fille, pour la sauver ; que les Anglais ne l'auront jamais, fussent-ils cent mille de plus ; qu'ils en seront chassés tous, excepté ceux qui y seront enterrés.

Et quant au roi, ce roi qui l'oublie et qui l'abandonne, pas un reproche, pas une plainte contre lui ne sortira de sa bouche ; cette illusion touchante du dévouement quand même, ils ne la lui arracheront pas ; et ce secret de pudeur nationale, qu'elle a juré de ne pas dire, ils ont beau faire, ils ne l'auront jamais. Et jusque sur l'échafaud du cimetière de St-Ouen, dans cette scène lugubre imaginée pour l'effrayer, en face du bourreau et du bûcher, insensible à ses propres outrages, lorsque le triste prédicateur chargé de l'exhorter s'emporte en insultes contre le roi, elle n'y tient plus : « Parlez de moi, s'écrie-t-elle, et non du roi. Je vous ose bien dire que c'est le plus noble chrétien du royaume : il n'est point tel que vous dites. » — « Faites-là taire ! » s'écrie le juge. Ah ! on n'étouffe pas de telles paroles ! Elles traversent le siècles, et vont remuer, jusque dans la plus lointaine postérité, tout cœur d'homme sensible encore à l'honneur et à la fidélité.

Réussiront-ils mieux à déconcerter sa foi naïve, à la faire douter de l'Église, à mettre dans son âme candide cette ineffable angoisse que l'Église de Dieu la condamne pour avoir obéi à Dieu ? Oui, un moment ils réussiront. Lui disant : l'Église c'est nous... Eux, l'Église ! Ces hommes là !... ils l'étreignaient dans cet affreux dilemne : ou abjure tes visions, c'est-à-dire, ta conscience, ton âme, ta vie, ta gloire ; ou tu es rebelle à l'Église ; « abjure, ou tu seras *arse* ; » brûlée ! Comment soutenir une pareille lutte, elle, une pauvre enfant ignorante et simple, avec cet évêque, ces docteurs renommés, et cette fameuse Université de Paris, qui la condamnent ! — On a dit, Messieurs, que, dans les temps de révolution, il est plus difficile quelquefois pour l'honnête homme de connaître son devoir que de l'accomplir. Quel supplice pour l'honnête homme quand c'est précisément le devoir lui-même qui est douteux ! Eh bien ! ces terribles perplexités de conscience, alors qu'elle aurait eu tant besoin de toutes ses forces et de toutes ses certitudes, ce fut le grand martyre de Jeanne dans ce procès, au point que ses forces y succombèrent ; elle fut malade dans sa prison, et on crut qu'elle allait mourir, et : « A tout prix sauvez-la, disait Warwik effrayé aux juges ; il ne faut pas qu'elle meure de mort naturelle, le roi l'a achetée trop cher. » La crise passa ; mais l'impitoyable dilemne, pareil à cet instrument de torture qui tordait et disloquait les membres du patient, était toujours là. Alors, comme on voit quelquefois sur une mer agitée deux vagues, poussées en sens contraire, s'entrechoquer et rejaillir, ainsi, sous cette pression violente, dans ce conflit affreux, les deux certitudes qu'on veut briser l'une contre l'autre dans son âme, sa foi en sa mission, et sa foi de chrétienne, éclatent, plus indomptables que jamais, en protestations enflammées, où l'on sent à la fois, Messieurs, les déchirements de la lutte intérieure, et le cri victorieux de la conscience. « Je suis venue de par Dieu ! » Et : « je suis chrétienne, bonne chrétienne ; je n'ai point failli en la foi ; je crois en l'Eglise ; l'Église et Notre-Seigneur, c'est tout un ! » Elle pose avec une égale énergie ces deux affirmations devant les juges, et elle n'en sort pas. Ah ! ils ont enfin le prétexte qu'ils cherchent pour la condamner ; mais rien, rien n'a été renversé, tout est resté debout dans son âme, et jamais son âme n'a été plus grande.

Mais quoi ! N'y a-t-il donc aucun moyen de triompher de cette enfant ? Si on essayait de la torture !

Dans une sombre tour, pleine du sang et des larmes des misérables, lieu destiné à la question, devant l'appareil menaçant des instruments de supplice, on la conduit. Ecoutez, Messieurs : « Si vous me deviez détraire les membres et faire partir l'âme « hors du corps, si ne vous dirai-je jamais autre chose ! »

Ah ! les murs qui ont entendu de telles paroles, Rouen, bénis les mains pieuses qui te les ont conservés ! Oui, qu'ils soient pour toi des reliques sacrées ! et que, sous la muette horreur de ses voûtes séculaires, le noir donjon garde à jamais l'impérissable écho des accents de Jeanne d'Arc !

Qu'importe maintenant que sa main, conduite par la main d'un anglais, ait tracé sur un papier qu'elle ne comprend pas un signe dont le lendemain on abuse odieusement contre elle ?

Revenue promptement de sa surprise, et rendue à elle-même, en vain cette fois le bûcher brille, en vain, sûrs du piége que vous lui tendez, pharisiens de l'Angleterre, vous pourrez maintenant la condamner comme relapse et la brûler, sa voix éclate avec un accent que vous n'étoufferez plus, et son innocence, son égal amour de la patrie française et de la sainte Église, sa mission céleste, toutes ces gloires de Jeanne et de la France resplendissent malgré vous et par vous d'un immortel éclat. Encore une fois, vous êtes vaincus.

Monte donc, monte sur le bûcher, fille au grand cœur. Pourquoi ces larmes ? La palme du martyre ira si bien dans tes mains avec la couronne des vainqueurs sur ta tête ! Dieu t'a faite trop grande pour te refuser la suprême consécration des douleurs. Et nous avons besoin, nous, dans nos luttes d'ici-bas, que les grandes injustices des hommes viennent parfois nous apporter la consolante révélation, la promesse certaine des justices de Dieu. D'ailleurs, que ferais-tu sur la terre après ta mission céleste ? Tu as délivré ton pays, il ne te reste plus qu'à t'immoler pour lui en sacrifice, et à purifier ta grande gloire dans les flammes. Il est des temps où il faut une victime pure, pour compenser l'iniquité universelle ; et cette victime que la France doit à Dieu, qui plus que toi, ô Jeanne, est digne de l'offrir, car qui plus que toi représente la France ?

Elle l'a compris ; et après cette première effusion de ses larmes — ah ! ces larmes de Jeanne d'Arc, qui nous en dira tous les secrets ! — soulagée de tout ce qui l'oppressait à la fois, sa grande âme se retrouve tout entière ; les dernières révélations de ses saintes qui lui parlaient dans la prison de délivrance après son martyre et lui promettaient le paradis, elle en saisit maintenant le sens mystérieux dans la pleine lumière dont Dieu l'inonde. Alors, on vit une chose admirable : toutes les puissances que Dieu avait mises dans ce cœur se ramassent en quelque sorte à cette heure suprême, et comme on voit quelquefois un flambeau prêt à s'éteindre jeter tout à coup en mourant une lueur plus vive, tout ce qu'il y a de grand, de pur, de saint, de noble, de vaillant et d'héroïque en cette fille inspirée, la foi, l'amour, la prière, le généreux pardon, l'ardente espérance, l'aspiration au ciel et à l'immortelle couronne, débordent de son cœur en accens qu'on n'avait pas encore entendus. Ses juges pleurent autour d'elle. Un Anglais s'évanouit près du bûcher. Elle, l'âme déjà dans le ciel, demande une image du Sauveur, pour soutenir son dernier combat. Un soldat lui présente une croix de bois : elle la pose sur son cœur. Son confesseur lui apporte la croix de l'église voisine ; elle la serre dans une longue étreinte et la couvre de baisers et de brûlantes larmes. Mais déjà la flamme a brillé : « Retirez-vous, dit Jeanne au bon prêtre qui ne la quittait pas, et tenez la croix bien haut devant moi, pour que je puisse la voir jusqu'au dernier instant. » Cependant la flamme monte ; elle touche ! « Mes voix étaient de Dieu ; mes voix ne m'ont pas trompée ! » crie la victime dans une suprême et sublime protestation. En un instant les flammes l'enveloppent. Du sein du noir tourbillon, un dernier cri s'échappe : « Jésus ! Jésus ! Jésus ! » ... Tout était consommé ; elle était dans les cieux !....

Quand la flamme fut tombée, on trouva parmi les cendres encore brûlantes de la victime, son cœur, que le feu avait respecté : les Anglais balayèrent le tout à la Seine, afin qu'il ne restât rien de Jeanne sur la terre de France, et qu'elle n'y eût pas même un tombeau.

Hélas ! oui, ô Vierge, libératrice et martyre de la France,

vous n'avez pas sur la terre de France un tombeau. Mais qu'importe ? Votre tombeau, il est dans tout cœur français ! Que dis-je ? Il est dans tout cœur d'homme qui a jamais palpité sur la terre à ce mot sacré, la patrie ! Jeanne, Messieurs, n'appartient pas seulement à la France, elle appartient à l'humanité.

Recueillons-nous, Messieurs. Ce bûcher est un autel, et des enseignements sacrés en descendent.

O Dieu ! qui avez donné Jeanne d'Arc à la France, donnez à la France les vertus de Jeanne d'Arc ! O vierge, ô ange de la patrie, que votre souvenir, votre gloire, vos malheurs, votre grande âme, émeuvent, attendrissent, inspirent toujours le cœur français. Apprenez-nous à aimer, à servir, comme vous, la chère patrie, et, si obscurs que nous soyons, à nous dévouer pour elle, au besoin jusqu'au martyre. L'étranger n'en foule plus le sol sacré ; mais elle a, dans nos temps troublés et orageux, d'autres périls. Ah ! puisse son amour souverain, planant au-dessus de nos divisions, réunir toujours tous les cœurs, et notre France ne connaître jamais la douleur de sentir, comme cette mère des temps antiques, deux peuples se battre dans ses entrailles !

Et pour conjurer ces malheurs, que votre foi, ô Jeanne, soit toujours la foi de mon pays. Que sous vos nobles auspices se perpétue à jamais l'antique alliance de la religion et de la patrie. La foi, c'était la respiration, le battement du cœur de la vieille France. O France, souviens-toi des grandes choses que Dieu a faites par toi et pour toi dans l'histoire, et, fidèle à ton glorieux passé, repousse, comme une invasion anti-française, les idées et les mœurs anti-chrétiennes. Gardons notre foi, Messieurs, comme nous gardons notre patriotisme, et n'oublions pas que diminuer la religion de la patrie, c'est diminuer la France.

Et puis, ô Jeanne, ô Vierge, qui rayonniez autrefois sur nos soldats dans les camps et les batailles, avec le feu de votre âme, une pureté sans tache, protégez, protégez, par votre douce image, l'intégrité des mœurs nationales, et la pureté et la dignité du sang français !

Et nous, qui venons de payer à notre sainte héroïne le juste tribut de notre admiration et de nos larmes, si, émus des grands spectacles que nous avons contemplés, nous sentons en ce moment, pour la patrie et pour Dieu, un amour plus grand dans un cœur plus pur, disons, Messieurs, qu'aujourd'hui l'âme de Jeanne d'Arc nous a parlé.

Vous, qui portez l'épée de la France, si un jour la patrie vous appelle, si vous devez revoir encore d'autres combats, souvenez-vous de Jeanne d'Arc !

Et maintenant, déployez-vous, pompe orléanaise. Bannière de Jeanne d'Arc, brillez aux regards. Magistrats, soldats, prêtres, peuple, tous, dans un même enthousiasme, parcourez de nouveau, sur les pas de Jeanne, la voie triomphale. Et que l'étranger accouru à ces fêtes, s'en retourne ému et fier, et dise au loin : L'âme de la France palpite encore à Orléans.

Orléans, imp. et lith. E. CHENU, rue Croix-de-Bois, 91.

www.ingramcontent.com/pod-product-compliance
Lightning Source LLC
Chambersburg PA
CBHW060710050426
42451CB00010B/1360